Croire en ses rêves !

Le journal
d'une championne

Cet ouvrage a été imprimé sur un papier
issu de forêts gérées durablement,
de sources contrôlées.

Couverture et illustrations : Aveline Stokart
Photo Amandine : © 4Success
Mise en page : Graphicat

ISBN : 978-2-7002-7370-0

AMANDINE HENRY

Croire en ses rêves !

Le journal d'une championne

Avec la collaboration de Sophie Nanteuil

RAGEOT

À mes parents, ma sœur Justine, Karim,
le reste de ma famille et mes proches.

Ce journal appartient à :

Amandine Henry

Si vous le trouvez,
merci de le rapporter à sa propriétaire !

2000

Samedi 30 décembre

Cher journal,

Autant te prévenir tout de suite, je n'aime pas trop écrire. Mais quand ma mère m'a offert ce journal, elle m'a dit : « Tu sais, si un jour, tu deviens une grande championne, tu seras peut-être heureuse d'avoir conservé une trace de ton enfance. Et ça pourrait servir à d'autres jeunes filles talentueuses comme toi ! »

Je ne sais pas si je deviendrai pro, mais si jamais…

Alors, par quoi commencer ? Je m'appelle Amandine, j'ai 10 ans, je suis en 6e au collège de Lomme, dans le Nord.

C'est vrai que je n'ai pas l'habitude de raconter ma vie ou d'exprimer mes sentiments. Ce que j'aime, moi, c'est le football.

Depuis l'âge de 5 ans, je joue en club. Si je pouvais, je ne ferais que ça.

Ma mère, encore elle, prétend que je suis née avec un ballon au pied ! Pourtant, elle a essayé de me faire découvrir d'autres sports.

Quand elle a vu que je grimpais tout le temps sur la balançoire ou que je passais mon temps à sauter et à courir partout, elle m'a inscrite à la gym avec ma petite sœur, Justine. Mais je m'ennuyais tellement qu'elle a accepté que je ne fasse que du football !

Pourtant, elle sature du foot. Mon père et moi ne parlons que de ça : des résultats des championnats, de la prochaine Coupe du monde, de celle de 1998, des transferts de joueurs. Ma mère aurait certainement préféré que je fasse un sport plus calme.

Il faut dire aussi qu'elle en a peut-être assez que mon ballon abîme ses fleurs dans le jardin ou d'être obligée d'aller chez le voisin chercher ma balle quand elle passe par-dessus le muret de notre terrasse ! Oui, parce que je n'ose pas y aller, moi, je suis un peu timide.

En fait, je ne sais pas si j'arriverai à décrire ce que je ressens quand je joue au football. Je vais essayer. Tu vois, cher journal, les adultes disent que je suis plutôt réservée. Par exemple, je ne vais jamais discuter avec des personnes que je ne connais pas, comme le fait ma copine Mandy. Mais tu me verrais sur un terrain : une vraie lionne, comme dit mon père. Je n'ai plus peur de rien, je fonce, j'encourage mes partenaires, je suis chez moi, en fait !

Depuis que j'ai 5 ans, je suis inscrite au club de l'OSM Lommois, le club de ma ville. Je suis la seule fille de l'équipe mais ça ne me gêne pas. Je ne suis pas très à l'aise avec les autres filles. Alors, dans la cour de l'école et dans ma rue, ce sont avec mes coéquipiers du club que je passe le plus clair de mon temps. Qu'est-ce qu'on fait ? On joue au foot bien sûr ! Pas toujours avec un ballon d'ailleurs. Oui, l'an dernier, à l'école primaire, les ballons étaient interdits dans la cour. Alors, avec Romain et Simon, mes deux meilleurs amis, on plaçait deux manteaux pour faire la cage des buts et on jouait avec une briquette de jus d'orange. On s'amusait bien ! On se pressait toujours de boire notre jus pour pouvoir jouer vite !

Cette année, au collège, on ne joue plus dans la cour, ça me manque.

Heureusement, les copains viennent me chercher pour aller jouer au stade derrière chez moi. Là-bas, on se prend pour des joueurs connus, on refait les matchs des championnats ou de la Coupe du monde. J'adorerais en gagner une, moi aussi.

Mais le football professionnel est réservé aux garçons. Il faut que ça change. Après tout, j'arrive à courir plus vite que la plupart de mes coéquipiers et à marquer plus de buts qu'eux !

D'ailleurs, selon mon entraîneur et mes parents, je dois passer au niveau supérieur. Beaucoup de parents et les dirigeants du club ont dit à mon père que j'avais du potentiel et qu'il était temps de penser à un club plus ambitieux pour moi.

C'est vrai que je m'ennuie un peu. J'ai l'impression de jouer avec des plus petits que moi.

Alors, mon père a contacté le LOSC, le club de Lille, mon club préféré. Mais le LOSC n'a même pas voulu me faire faire d'essai car ils n'accueillent pas les filles ! Ils ne recrutent que des garçons qu'ils vont pouvoir former pour leur équipe première quand ils seront adultes. Je ne sais pas si je suis plus triste ou plus en colère. Je n'aurais pas le droit de jouer au foot juste parce que je suis une fille ? Pourquoi le club que j'adore ne veut pas que je joue pour lui ?

Alors, tu sais quoi, cher journal ? Mon rêve, c'est de devenir professionnelle pour montrer à tout le monde que les femmes peuvent jouer au foot à un haut niveau. Je sais qu'un jour, je participerai à la Coupe du monde ! Je ne sais pas si cela existe, alors si besoin, je la créerai cette coupe !

Et devine, cher journal : je ne sais pas si je vais réussir à t'écrire régulièrement, mais je vais essayer !

– 2000 –

Et là, c'est
ma mère, Rita.

Ma sœur,
Justine.

Là, c'est mon père, Yves,
mais tout le monde
l'appelle Yvon.

2001

Dimanche 26 août

Cher journal,

Je suis désolée, je n'ai pas beaucoup écrit ici.

Mon année de 6e s'est bien passée. Je ne m'en suis pas trop mal sortie en cours même si en français et en histoire-géo, ça a failli être la cata. Ma mère m'a même privée d'un match à cause d'une mauvaise note en rédaction.

Alors, j'ai promis que j'allais plus travailler en 5e. Et pour montrer ma bonne volonté, j'ai annoncé à ma mère que j'allais mieux tenir mon journal. Après tout, c'est comme une rédaction, ou plutôt comme un entraînement avant une rédaction !

Cette année, je ne me suis pas fait trop d'amis. Le week-end, je voyais beaucoup Mandy, ma copine de l'école primaire, et les garçons du club. Ça aussi, j'ai envie que ça change. Je vais bousculer un peu « Amandine-la-timide » et aller plus vers les autres.

Dans une semaine, c'est la rentrée. Je prépare cette nouvelle année comme un championnat !

Mardi 11 septembre

Je suis dans ma chambre. Je viens enfin de finir mes devoirs.

Allongée sur mon lit, je regarde l'écharpe du LOSC, punaisée au mur.

Les gens disent que je suis un garçon manqué. Je n'aime pas cette expression. C'est vrai que j'aime être en jogging et que je suis fan de sport. Mais ça veut dire quoi « garçon manqué » ? Ça signifie que je suis un garçon loupé, pas complet ? Je suis une fille, une vraie, et même si je n'aime pas porter de jupes ou passer des heures à me coiffer, je trouve ça chouette d'être une fille. D'ailleurs, je n'ai aucun problème avec les autres filles.

Sur un terrain, mon jeu est différent de celui des garçons. Mon père dit que j'arrive à plus anticiper des situations, à situer mes coéquipiers pour leur faire des passes, que je suis parfois plus maligne que les autres ! Alors pourquoi le LOSC ne veut pas de moi dans son club ?

En fait, je crois que je suis en colère car je trouve son refus injuste.

Heureusement, mon père a trouvé un nouveau club : l'Iris Club de Lambersart. C'est un club situé à quelques minutes en voiture de la maison.

Eux, ça ne les gêne pas que je sois une fille, un garçon ou un extraterrestre ! Il faut juste que je passe les essais… Et c'est demain. J'ai hâte d'être sur le terrain !

Croise les doigts pour moi !

Jeudi 13 septembre

Cher journal,

Les essais pour l'IC Lambersart ont eu lieu hier. Je te raconte ?

Quand on est arrivés le matin, le parking du stade était bondé. Autant le dire tout de suite : j'étais la seule fille. On nous a mis par équipes : équipe A, équipe B, équipe C. Le staff nous a fait jouer des petits matchs et, au fur et à mesure, on était changés d'équipe. Lors d'une pause, j'ai retrouvé mon père sur le bord du terrain.

Il a souri et m'a dit :

– Amandine, je ne sais pas si tu l'as remarqué mais tu es dans l'équipe A.

– Oui, et alors ?

– Alors, ce sont les meilleurs joueurs qui sont passés dans cette équipe. Et cela fait trois matchs que tu ne changes plus d'équipe !

– Tu crois que… ?

– Je ne crois pas, je suis sûr que tu vas être prise !

Je me suis retenue de lui sauter dans les bras. Après tout, la règle la plus importante dans le foot est que rien n'est joué jusqu'au coup de sifflet final. Je ne voulais pas m'enflammer, alors je reste prudente, même si... Quand on est partis, l'entraîneur nous a dit « À très vite, Amandine ».

Papa m'a fait un clin d'œil et on est montés dans la voiture.

Mardi 18 septembre Papa avait raison, j'ai été retenue dans l'équipe de l'Iris Club !

L'entraîneur a appelé ce matin à la maison pour annoncer la bonne nouvelle.

Il a dit à papa que j'étais très douée et qu'il était impatient que je commence les entraînements. Il a même demandé si j'avais déjà participé à des détections de jeunes joueurs. Mon père lui a répondu que non et l'entraîneur, Bruno, propose qu'en plus des entraînements et des matchs avec le club, il m'aide à préparer ces tournois qui commencent au printemps. Bien sûr, je ne participerai pas à toutes les détections, mais si je veux en tenter quelques-unes, il me soutiendra. Cela veut dire concrètement qu'à la fin des entraînements normaux, à partir de novembre, je resterai une heure de plus pour faire des exercices spécifiques.

Les détections, ce sont des après-midis organisés par la fédération française de foot au sein des départements, des régions, puis au niveau national pour dénicher des talents à suivre. Quand on est détecté, on peut aller en centre de formation.

Maman n'était pas partante pour ces heures supplémentaires de foot, mais j'ai promis encore une fois que mon travail à l'école n'en souffrirait pas.

Mercredi 19 septembre

Je me souviendrai du premier entraînement à l'Iris !

La voiture de mon père a eu du mal à démarrer. On a cru qu'on ne pourrait jamais partir de la maison !

Du coup, je suis arrivée en retard à l'échauffement. Je n'ai même pas pu échanger trois mots avec mes nouveaux coéquipiers. À la fin de la séance, mon père était pressé alors je suis partie vite. Super, l'intégration…

Samedi 22 septembre

Aujourd'hui, c'était mon premier match avec l'Iris Club. Je t'écris dans la voiture en attendant la fin du cours de gym de Justine.

C'était juste… Waouh !

Je te raconte !

Le match avait lieu à domicile. Donc, cet après-midi, premier match. J'arrive déjà en tenue devant les vestiaires. J'essaie de me fondre dans la masse : cheveux plaqués et queue de cheval, même jogging que les autres… Les garçons sont prêts aussi, l'entraîneur me propose d'entrer pour le briefing d'avant-match :

– Les gars, vous connaissez Amandine. Aujourd'hui, c'est une première pour elle. On va essayer quelque chose : Amandine, tu joueras en 10 la première mi-temps…

– Quoi ? l'interrompt une voix derrière moi. C'est moi, le 10 !

– Angelo, calme-toi. C'est un essai.

– Mais non, elle peut pas être 10, c'est une fille !

– Et alors ?

– Elle est nulle ! Elle n'a qu'à retourner jouer à la poupée !

– Angelo, ça suffit ! Un mot de plus et c'est tout le match que tu passes sur le banc ! Axel, tu joues ailier droit.

Comme tu peux l'imaginer, l'ambiance dans le vestiaire n'était pas au beau fixe. J'étais bloquée. Jamais, dans ma précédente équipe, on ne m'avait traitée comme ça. Je ne savais pas comment réagir. L'entraîneur s'est approché de moi et avant qu'il ait pu dire quoi que ce soit, l'arbitre a ouvert la porte et annoncé le début du match.

Nous sommes tous sortis et nous nous sommes dirigés vers le terrain. Avant de s'asseoir sur le banc de touche, Angelo a discuté avec plusieurs joueurs en me lançant un regard mauvais.

Je me suis placée machinalement mais ma tête n'était pas à ce que je faisais.

Le coup d'envoi a été donné et j'ai mis quelques minutes à me rendre compte qu'aucun ballon n'arrivait vers moi. Aucune passe n'était faite dans ma direction ! J'ai jeté un coup d'œil vers le banc. Angelo était hilare. Bruno, lui, ne s'était pas encore rendu compte de ce que me faisait subir l'équipe.

Ensuite mon regard s'est posé plus loin vers la tribune. Et là, j'ai vu mon père, furieux. À ses côtés, Justine m'a souri et a levé son poing. J'ai alors compris : je devais me battre, j'étais aussi forte qu'eux, j'étais même au-dessus d'eux.

Je me suis ressaisie et suis revenue dans le match. Le ballon était dans les pieds de l'équipe adverse. Je me suis placée devant l'un de leurs milieux défensifs qui venait de récupérer la balle. J'ai plongé et je l'ai taclé de façon impeccable, j'ai pris le ballon, puis j'ai foncé vers les buts. J'ai dribblé un joueur, puis un deuxième. Je me suis approchée de la surface de réparation et alors que je me trouvais en position de tirer, j'ai vu sur ma droite qu'un de mes coéquipiers, Axel, était démarqué face aux cages vides. En effet, le gardien s'était avancé vers moi et avait quitté sa ligne.

J'ai fait une passe à Axel qui a marqué super facilement. Au lieu des cris de joie habituels, mes coéquipiers sont restés muets de surprise. J'ai couru jusqu'au ballon, je l'ai ramassé et j'ai trottiné vers le centre du terrain pour l'y déposer. En passant près de mon équipe, j'ai lâché :

– Soit vous jouez avec moi, soit on perd.

L'équipe adverse a engagé et, après quelques actions, nous a rendu le ballon… qui est arrivé à mes pieds. J'ai respiré intérieurement : j'avais réussi l'examen de passage.

À la mi-temps, dans les vestiaires, l'entraîneur était détendu : on menait 2-0. Deux buts grâce à deux passes décisives… d'Amandine Henry, numéro 10 !

– Bon, tout va bien pour le moment. Continuez comme ça, ne vous déconcentrez pas. Quant à toi, Angelo, évidemment, tu restes sur le banc. Je sais ce que tu as voulu faire, n'essaie même pas de te trouver une excuse. Nous sommes une équipe et nous représentons l'Iris Club. Ce club a des valeurs telles que le bon esprit sportif et l'intégration. Je me fiche qu'Amandine soit une fille, c'est avant tout une très bonne joueuse et rien que pour ça, elle mérite sa place parmi vous. Angelo, quand tu changeras d'attitude, tu joueras. Et c'est valable pour tout le monde. Ma décision n'appelle aucune discussion. Retournez sur le terrain.

La deuxième mi-temps s'est déroulée comme dans un rêve. Libérée, j'ai joué comme jamais. J'ai même marqué un but ! Pas mal pour une fille, non ?

Après le match, je n'ai pas eu le temps de m'attarder trop : le cours de Justine commençait un quart d'heure après. Mais après le soutien inconditionnel de ma sœur, j'aurais même pu l'accompagner à une compétition de dominos si elle me l'avait demandé !

À plus !

Mon 1er but avec l'Iris !

Dimanche 21 octobre

Aujourd'hui, toute la famille est venue à la maison pour l'anniversaire de ma mère. C'était très sympa.

Avant le déjeuner, avec mes cousins Kévin, Romain et Damien, on a fait un super match dans le jardin. Cela faisait plusieurs mois qu'on ne s'était pas retrouvés. Ils étaient épatés par mes progrès ! C'était trop bien ! Mais comme il avait plu, on est rentrés tout boueux dans la maison. Nos parents nous ont passé un sacré savon, c'est le cas de le dire ! Ils nous ont envoyés à la douche. Ma sœur et moi avons dû prêter des vêtements aux garçons. Ils avaient un sacré style avec les pantalons trop courts !

Mercredi 31 octobre 2001 ou plutôt jeudi 1er novembre…

Il est plus de minuit, avec papa, on vient de rentrer du stade. Ce soir, le LOSC a affronté

Manchester United en Ligue des champions. Le match avait lieu au stade Bollaert, à Lens, alors on a mis un peu plus de temps à y aller. Assise derrière mon père, sur la moto, je me rappelais pendant le trajet mon premier match avec lui au stade Grimonprez-Jooris. Je ne me souviens pas qui Lille affrontait mais je me rappelle avoir été éblouie par les projecteurs quand on a pénétré dans la tribune. Le bruit m'a semblé assourdissant aussi. Mais tout cela a été occulté par l'ambiance. C'était géant ! Les supporters applaudissaient et criaient, tout le monde souriait. Un virage s'est mis à entonner un chant et tout le stade a suivi. Des frissons m'ont parcouru le corps. Puis les joueurs sont entrés sur le terrain et ils ont été acclamés. À ce moment-là, je me suis dit que c'était ça que je voulais : entrer dans un stade et entendre mon nom crié par des milliers de personnes, puis jouer et gagner !

Aller voir le LOSC jouer, c'est vraiment notre moment à papa et à moi. On a notre rituel, on s'assoit aux mêmes places, on porte toujours nos maillots et on se partage un sandwich américain à la mi-temps !

Ce soir, c'était un peu différent, c'était notre équipe mais pas notre stade. Il y avait des supporters lensois près de nous et ils soutenaient Lille. Ça m'a fait chaud au cœur. Le match a été très tendu. Il nous fallait à tout prix une victoire. Manchester a ouvert le score à la 6e minute. Nous avons été stressés pendant plus d'une heure. À la 65e minute, Bruno Cheyrou a récupéré la balle, il a dribblé plusieurs joueurs et il a frappé de toutes ses forces. Le gardien a détourné un peu le ballon, mais pas suffisamment : BUT !

Je crois que je n'ai jamais autant crié de toute ma vie. En fait, si, pendant la Coupe du monde, mais là, c'était mon club !

Malheureusement, la fin du match est arrivée et aucune des équipes n'a repris l'avantage. Le LOSC était éliminé de la Ligue des champions.

– 2001 –

Papa et moi au stade !

Sur la moto au retour, j'ai crié à mon père : « Tu sais papa, un jour, je la gagnerai, moi, la Ligue des champions ! » Je ne savais pas si avec la vitesse, il avait bien entendu mes paroles. Quand nous sommes arrivés et qu'il a coupé le moteur, il s'est tourné vers moi et m'a dit :

– Il me tarde d'aller te voir jouer un match de la Ligue des champions… ou plutôt des championnes ! Allez, au lit, on va se faire taper sur les doigts par ta mère !

J'ai vu dans les yeux de mon père qu'il croyait à ma promesse. Je ne le décevrai pas.

2002

Mardi 12 février

Tous les mardis, depuis quelques semaines, j'ai le droit de regarder un peu plus tard la télévision. Je me dépêche de terminer mes devoirs avant le dîner, puis en sortant de table, je me précipite dans le salon. Je m'installe et le générique de « À la Clairefontaine » commence. C'est un documentaire qui filme des garçons à peine plus âgés que moi. Ils sont en sport-études au centre de formation de Clairefontaine, là où s'entraîne l'équipe de France ! Dans le premier épisode, Zinédine Zidane a même fait une apparition !

Les jeunes sont suivis en classe puis sur le terrain pour leurs séances quotidiennes de foot.

Jouer tous les jours, le rêve !

Ils vivent là-bas toute la semaine, tous ensemble, alors parfois il y a des disputes, des embrouilles. Je ne les comprends pas. Si j'avais la chance comme eux de vivre dans cet endroit magique, je mettrais toutes les chances de mon côté et je ne me battrais avec personne ! Encore moins devant une caméra !

Mais il ne faut pas que je m'enflamme : Clairefontaine est réservé aux garçons. Aucune fille n'est filmée.

Peut-être qu'un jour…

Il y a d'autres champions du monde dans le documentaire : Didier Deschamps, Lilian Thuram, Fabien Barthez…

Forcément, ça me rappelle juillet 1998. On a regardé tous les matchs de l'équipe de France, avec papa, tous les deux, en tête-à-tête. Au début du tournoi, mon père n'était pas trop confiant. Aucun joueur du Nord sélectionné, ça ne lui inspirait pas confiance ! De mon côté, j'avais su tout de suite qu'on irait en finale. J'y croyais à fond.

Zidane est mon joueur préféré. Avec lui dans l'équipe, il ne pouvait rien nous arriver ! Quand il a pris un carton rouge contre l'Arabie Saoudite lors du deuxième match, ma confiance a été un peu ébranlée.

Surtout qu'en huitièmes, ce n'était pas gagné... Match nul contre le Paraguay jusqu'au but en or de Laurent Blanc ! Papa et moi sommes passés par toutes les émotions pendant 114 minutes ! Les matchs suivants furent tout autant palpitants, vibrants. Je crois que mon père ne s'en est toujours pas remis ! Moi non plus en fait !

D'ailleurs, dans quelques mois, c'est la Coupe du monde en Corée. Il me tarde !

Samedi 2 mars

Aujourd'hui, j'ai été invitée à ma première boum. C'était chez Pauline, une fille de la classe.

C'était sympa mais je n'ai pas dansé. J'ai discuté du dernier match du LOSC avec les garçons. Comme j'ai vu que toutes les filles étaient ensemble près du buffet, je me suis dit qu'il fallait que je fasse un effort. Je suis allée les voir. Héléna m'a demandé tout de suite :

– Amandine, toi qui connais bien Arthur, tu pourrais lui demander s'il veut sortir avec moi ?

– OK !

Je suis retournée du côté des garçons. Arthur était super content. J'ai fait signe à Héléna que c'était bon. Alors pendant les slows, ils ont dansé ensemble.

J'ai adoré jouer les Cupidon, elle était marrante cette journée !

Samedi 6 avril

On a encore gagné un match aujourd'hui et j'ai marqué un but sur une magnifique passe… d'Angelo !

Et pourtant, ce n'était pas gagné. Quand l'équipe adverse est arrivée, nous avons eu une très mauvaise surprise : nos rivaux faisaient tous une tête de plus que nous !

La première mi-temps a été catastrophique. Nous avons été menés au score, 2 à 0. L'équipe adverse était vraiment trop forte pour nous. À la pause, notre entraîneur nous a dit que beaucoup des joueurs d'en face étaient plus âgés que nous mais qu'il ne fallait rien lâcher.

Quand nous sommes retournés sur le terrain, nous étions déterminés à nous surpasser car c'était pour nous une injustice. Comme la moitié des joueurs adverses avaient notre âge, toute l'équipe était placée dans notre catégorie, en benjamins.

Nous avons donc décidé de ne pas nous laisser faire. Dès l'engagement, Angelo a récupéré le ballon, a dribblé un, deux puis trois joueurs et lâché une frappe incroyable en pleine lucarne. Je crois qu'il a voulu montrer à nos adversaires qu'on n'était pas impressionnés. Et ça a marché. Nous avons clairement dominé les minutes suivantes. Après une action collective, Romain a réussi à se libérer et à récupérer la balle. Il était seul dans la surface mais un défenseur l'a taclé très sèchement. L'arbitre n'a pas hésité une seule seconde : penalty. Le défenseur a été exclu mais Romain, lui, a dû sortir en boitant. Plus de peur que de mal au final, mais il avait la cheville enflée. Angelo a tiré le penalty et a égalisé.

Nous étions transportés comme jamais, ce match nous allions le gagner ! Mais en face, ils s'étaient tous regroupés dans leur moitié de terrain et marquer devenait compliqué. On était dans les arrêts de jeu. Avec Angelo, nous avons commencé à nous faire des passes tous les deux et, très vite, nous avons progressé vers les cages. Trois joueurs ont encerclé notre attaquant qui m'a refait tant bien que mal une nouvelle passe. J'ai levé la tête et j'ai vu que tous mes coéquipiers étaient marqués. J'étais loin mais c'était possible. Angelo m'a crié :

– Vas-y, Amandine !

J'ai armé mon pied et j'ai tiré en donnant un effet brossé à la balle. Elle a foncé vers le gardien avant de se déplacer vers la droite et de... toucher le poteau ! Oh non... Mais ce n'était pas fini, le poteau l'a déviée et... elle est rentrée dans les buts ! L'arbitre a sifflé le but et la fin du match en même temps. Tous les joueurs de l'Iris se sont précipités sur moi et on a laissé exploser notre joie. Avant d'aller saluer nos adversaires, Angelo s'est approché et m'a soufflé, en me tapant dans la main :

– À nous deux, on est invincibles !

Je crois qu'il a enfin accepté que je joue dans la même équipe que lui. Ce n'est pas trop tôt !

À l'issue du match, l'entraîneur est venu nous voir, mon père et moi :

– Monsieur Henry, la première détection a lieu dans deux semaines. J'aimerais y inscrire Amandine. Vous seriez d'accord ?

Papa m'a regardée, j'ai hoché la tête. Il a répondu :

– Avec grand plaisir !

Le soir, après le dîner, il y a eu une grande discussion dans le salon entre mes parents. Justine et moi étions derrière la porte, cachées. Ma mère était très inquiète :

– Et si elle n'est pas retenue ? Tu imagines sa tristesse ? Elle n'a même pas 13 ans, à cet âge, on est fragile….

– Amandine est très douée, a répondu mon père d'une voix plus calme. Fais-lui confiance ! Et puis Bruno dit qu'elle est prête. Il la prépare depuis des mois.

– Mais si elle est prise, alors ? a rétorqué maman. Elle devra jouer encore plus ? Et ses études ?

– Enfin, Rita, arrête de tirer des plans sur la comète. Elle va passer cette détection et on avisera selon le résultat….

Puis il a élevé la voix :

– Et vous les filles, au lit !

Nous avons déguerpi sans attendre !

Mercredi 24 avril

Ce matin, je me suis réveillée avec la boule au ventre. J'en ai joué des matchs, j'en ai fait des tournois. Mais gagner ou perdre en équipe est complètement différent de gagner ou perdre seule.

Mon entraîneur m'avait bien préparée depuis novembre. À la dernière séance, il m'a répété que c'était rare d'être remarqué lors d'une première détection. Je pense qu'il a dit ça pour m'éviter de trop me mettre la pression.

Dans la voiture, avec papa, on ne s'est pas parlé. Mais quand on est arrivés au stade, avant de descendre, il m'a regardée longuement et a annoncé :

– Je crois en toi, Amandine. Quel que soit le résultat d'aujourd'hui, maman et moi sommes fiers de toi. Ne l'oublie pas.

Il avait un air si sérieux que je n'ai pas pu m'empêcher de rire ! Je pense que c'était un peu nerveux. Mon père a ri lui aussi avant de lancer :

– Oh ça va, les grands discours, ce n'est pas pour moi. Tu vas aller sur ce terrain et faire ce que tu aimes faire : jouer au foot. Allez, go !

Je ne savais pas si je serais efficace sur le terrain mais grâce à mon père, j'étais un peu plus détendue !

Nous étions une trentaine et j'étais la seule fille. Les personnes de la fédération nous ont expliqué comment cela allait se passer : d'abord nous allions avoir un entraînement puis des matchs seraient organisés. Des joueurs seraient sélectionnés pour participer à la finale et certains seraient sélectionnés pour une détection régionale, puis nationale.

J'ai passé tous les tests et je les ai si bien réussis que je suis arrivée en finale. J'étais très contente car je me sentais bien sur le terrain, à l'aise. Tout avait été très facile pour moi aujourd'hui.

Avant le coup d'envoi de la finale, nous étions tous en place et attendions le coup de sifflet de l'arbitre. Mais un homme a pénétré sur la pelouse et s'est dirigé vers moi :

– Amandine, tu peux me suivre un instant?

J'ai tourné la tête vers mon père. Il était en train de discuter avec un des recruteurs régionaux et, visiblement, ça n'avait pas l'air de bien se passer.

Je suis sortie du terrain, à la suite de l'homme. Sur la touche, il s'est tourné vers moi :

– Je suis désolé, Amandine. Tu as de réelles qualités, tu es même très douée mais le niveau suivant de cette détection n'est pas ouvert aux filles. Tu dois quitter le stade.

– Mais… Mais…

– Amandine, m'a appelée mon père qui s'était rapproché sans que je le voie, on s'en va. J'ai récupéré tes affaires.

– Je suis désolé, monsieur, a commencé l'homme.

– Non, vous ne l'êtes pas. Non seulement, vous nous avez fait perdre notre temps, mais surtout vous avez laissé ma fille espérer. Au revoir.

Nous avons tourné le dos au terrain et nous nous sommes dirigés vers la voiture. J'ai marché vite, tête baissée.

– Redresse-toi, tu n'as rien fait de mal. Ce n'est pas à toi d'avoir honte.

J'ai lâché, déçue et en colère :

– C'est nul.

– Oui, Amandine, c'est nul. Et un jour, ils regretteront de ne pas t'avoir sélectionnée.

Tu vois, cher journal, je souhaite que papa ait raison. Parce que si jusqu'à aujourd'hui, le foot était une passion mais aussi un loisir, maintenant, j'ai envie d'aller plus loin dans ce sport. Je crois que j'ai du talent. Alors j'ai envie d'essayer. Il ne reste plus qu'à trouver les endroits où les filles peuvent jouer à un haut niveau. J'espère que ça existe...

Mercredi 15 mai

J'ai décidé de faire une pause avec le foot. Je te rassure, cher journal, juste quelques semaines.

Mais je suis tellement déçue par cette détection ratée.

Mes parents ont bien compris quand je leur ai demandé de ne pas aller à l'entraînement mercredi. Ils me laissent « digérer », a dit maman.

Surtout qu'en cours, cette année a été quand même difficile. Mais je me suis accrochée.

Alors, mardi, quand Juliana et Alice, des filles de ma classe, m'ont proposé de passer l'après-midi du lendemain avec elles, j'ai accepté. On s'est retrouvés avec d'autres garçons et filles chez Charlotte. C'était sympa, on a discuté, écouté de la musique et bien rigolé. Les autres filles pensent que je suis trop sérieuse, car je ne veux pas fumer comme certaines d'entre elles ou sortir avec un garçon. C'est vrai que ça ne m'intéresse pas pour le moment. Même si je vois bien que je plais à Vincent, un garçon de la classe.

Alice m'a déniché un surnom. Pour la bande, je suis désormais « Bébé » ! Ça ne me dérange pas, c'est même plutôt mignon !

Quand je suis rentrée le soir chez moi, mon père était dans tous ses états, l'entraîneur de l'Iris avait téléphoné : un recruteur de la fédération au niveau du district m'avait repérée lors d'un match. À la rentrée de septembre, je suis convoquée à une nouvelle détection, cette fois-ci réservée aux filles ! Je suis trop contente, je vais pouvoir prendre ma revanche !

Je crois que les après-midis avec la bande vont être rares…

vendredi 31 mai

Premier match de l'équipe de France ce soir en Coupe du monde. On a perdu contre le Sénégal, 1 à 0. Allez les Bleus, rien n'est joué !

Jeudi 6 juin

Cette Coupe du monde est une catastrophe. 0-0 contre l'Uruguay et Thierry Henry a pris un carton rouge.

Mon père était en colère : un « Henry » qui prenait un rouge, ce n'était pas possible !

Mardi 11 juin

Bon, la Coupe du monde est déjà finie pour les Bleus.

Encore une défaite, cette fois-ci contre le Danemark.

C'est super bizarre cette fin d'année scolaire pour moi. J'ai eu des grosses déceptions au foot, j'ai dû m'affirmer dans une nouvelle équipe, je me suis beaucoup entraînée pour au final passer une détection interdite aux filles. Mais j'ai aussi le sentiment que je m'ouvre plus aux autres, en dehors d'un terrain.

Je ne sais pas comment va être cette année de 4e, mais je suis prête !

Mercredi 11 septembre

Aujourd'hui, c'était une journée un peu folle. À 14 h 30, j'étais convoquée pour la détection et à 17 h, j'ai couru à l'entraînement.

Je suis dans mon lit et je ne vais pas tarder à tomber de sommeil. Mais d'abord, je te raconte.

On avait à peine posé un pied sur le terrain que l'un des recruteurs nous a fait faire trois tours de stade. Comme ça, sans se présenter, sans annoncer le programme. Ça commençait fort. On a enchaîné avec beaucoup d'exercices : des jongles, des slaloms avec des frappes, des courses de vitesse, des dribbles… Pendant une heure, les exercices se sont succédé, sans temps mort. Puis, à la fin de cette première heure, un des encadrants a sifflé et on s'est toutes retrouvées dans le rond central.

– Mesdemoiselles, laissez-moi vous expliquer la suite des événements, a lancé le recruteur qui avait l'air de diriger tout le monde. Comme vous le savez, vous êtes licenciées dans le district des Flandres. Pendant quelques semaines, nous allons nous retrouver pour vous tester et former une équipe avec les meilleures d'entre vous. Cette équipe représentera notre district lors de tournois régionaux, puis au niveau national si elle se qualifie. Nos séances vont toujours se dérouler de la même manière qu'aujourd'hui : échauffement et exercices pendant une heure, match de trente minutes ensuite. Divisez-vous donc en deux équipes. Chacune sera entraînée par un de mes assistants qui vous attribuera un poste en fonction de votre position en club mais aussi des exercices que vous viendrez d'effectuer. Des questions ? Non ? Alors celles qui sont à ma droite, vous formerez la première équipe, avec des chasubles rouges, les autres, la seconde équipe, sans chasuble. En place !

Notre entraîneur, Benoît, nous a distribué les chasubles. Quand il est arrivé devant moi, il m'a dit :

– Amandine, c'est bien ça ? Tu joueras milieu offensif et tu seras la capitaine.

J'ai hoché la tête, partagée. J'étais fière de porter le brassard de capitaine mais déçue de ne pas être positionnée plus devant. Comment sortir du lot si je n'attaquais pas ? Si je ne marquais pas ? Je ne voulais pas faire de vagues alors je me suis approchée de chacune de mes coéquipières et je me suis présentée. Puis je leur ai demandé leur prénom et leur poste. Je me suis plusieurs fois répété leurs réponses et quand le coup d'envoi a été donné, j'étais presque au point.

J'ai pris mon rôle très à cœur : j'encourageais les unes, faisais se replacer les autres, organisais les touches… En tant que milieu, j'essayais aussi de faire le lien entre la défense et l'attaque. Nous avons ainsi dominé la première période, sans toutefois réussir à ouvrir le score. Après une pause de cinq minutes, nous sommes revenues sur le terrain. Nos adversaires avaient dû se faire secouer par leur entraîneur, car elles sont rentrées dans le match plus motivées que jamais. Nous avons été un peu déstabilisées, mais heureusement, Norah, notre gardienne, a fait deux arrêts superbes coup sur coup. Lors d'une relance, notre avant-centre a été sévèrement taclée une dizaine de mètres avant la surface de réparation. L'arbitre a sifflé un coup franc pour nous. Nous nous sommes réparties à côté et derrière le mur adverse. J'ai vu que Manon, désignée pour tirer, hésitait. Je me suis dirigée vers elle :

– Tu vas bien ?

– Oui, mais je ne sais pas quoi faire. Je n'ai pas assez de force pour le tirer direct et je ne vous connais pas assez pour savoir à qui passer la balle.

– Tu veux que je tire ? Je le sens bien. Si toi, tu n'es pas sûre…

– Euh… OK.

Je me suis positionnée. Je me suis souvenue de mon deuxième but avec l'Iris, l'année dernière, celui marqué grâce à la passe d'Angelo. J'étais exactement au même endroit du terrain. Je devais réfléchir vite : si je brossais la balle comme la première fois, elle irait droit sur le poteau et pas sûr cette fois-ci que la chance soit avec moi. Si je frappais direct en force, la gardienne avait de bonnes chances de l'arrêter. Elle était plus grande que moi, plutôt robuste et ce n'est pas mon boulet de canon qui lui ferait peur. L'arbitre a commencé à s'impatienter.

J'ai reculé de quelques pas et j'ai aperçu au second poteau Siam, une de mes coéquipières. Toute petite, très fine, elle arrivait à se faufiler partout. Elle était complètement démarquée et personne ne se préoccupait d'elle. Je lui ai à peine jeté un regard, elle a compris. J'ai couru jusqu'au ballon et j'ai tiré le plus fort possible. Presque tout le monde a pensé que mon tir était excentré mais la balle a atterri comme par magie dans les pieds de Siam qui s'est contentée de la pousser au fond des cages ! But ! Siam s'est précipitée vers moi et a sauté dans mes bras.

Moi qui ai l'habitude des simples tapes dans les mains avec les garçons quand un but est marqué, ça changeait ! Je m'endors.... Il me tarde d'être le mois prochain pour retrouver ces filles ! Bonne nuit, cher journal !

Mercredi 18 septembre

Deuxième entraînement de la saison à l'Iris Club et je me rends compte d'une chose que je n'avais pas vue la semaine dernière, trop concentrée sur ma détection. Presque tous les garçons ont grandi de plus d'une dizaine de centimètres pendant l'été ! Je réalise que, bientôt, je ne pourrai plus jouer dans une équipe mixte. Physiquement, je ne pourrai pas suivre.

D'ailleurs, j'ai changé moi aussi. Je deviens femme. Je le vois dans le regard de certains de mes coéquipiers. Tanguy, par exemple, m'a beaucoup souri aujourd'hui. Je l'aime bien. Mais hors de question de sortir avec un des garçons de mon équipe. Si cela se passe mal, cela peut jouer sur l'ambiance générale et ensuite sur les résultats.

De toute façon, pour le moment, entre le foot et le collège, je suis assez occupée.

Cela fait plus de trois semaines que les cours ont repris et j'arrive à trouver des moments pour traîner avec la bande d'Alice et de Juliana. Je vais d'ailleurs organiser une boum chez moi pour mon anniversaire samedi 28 ! Trop hâte !

Samedi 28 septembre

C'est mon anniversaire ! Aujourd'hui, j'ai 13 ans ! Et cet après-midi, on fait la fête ! J'attends vingt personnes : la bande du collège, Juliana, Alice, Pauline, Charlotte, Héléna, Guillaume, Vincent, Romain, des copines de l'école primaire que je vois encore, comme Mandy bien sûr, quelques garçons de l'équipe… Bref, ça va faire du monde à la maison ! Je te raconterai ce soir !

Plus tard, dans la journée

Tout avait plutôt bien commencé. Mandy était arrivée tôt pour m'aider à préparer le garage, à organiser le buffet. Son grand frère nous a prêté sa chaîne et ses enceintes. Romain avait prévu d'apporter de la musique sur un CD gravé pour l'occasion. Ma mère avait fait des gâteaux et avait promis de ne pas se montrer. Mon père était parti chez des amis et Justine passait le week-end chez sa meilleure copine.

Quand Alice et Juliana ont débarqué, ça a commencé à déraper.

– Mais Amandine, a lancé Alice, tu ne peux pas être en jogging pour ta boum d'anniversaire !

– C'est vrai, a renchéri Juliana, c'est ta fête, il faut que tu sois la reine de la journée.

J'ai lancé un regard à Mandy qui a haussé les épaules.

– Allons dans ta chambre, on va s'occuper de toi, a ordonné Alice.

Je les ai suivies à l'étage. Elles ont marqué un temps d'arrêt à la vue de ma chambre dont la déco est, disons, très « foot » ! Des posters de joueurs, comme Zidane ou D'Amico, un joueur du LOSC, cohabitent avec un ballon signé par l'équipe de l'AJA – Auxerre, pour les non-initiés – avec mes coupes et mes médailles. Un maillot de l'équipe de France traînait sur la chaise de mon bureau. Mes amies connaissaient ma passion alors elles n'ont pas fait de commentaire.

Alice a ouvert mon armoire et a sorti un jean.

– Cela fera l'affaire ! a-t-elle dit en continuant de fouiller. Mais tu n'as que des tee-shirts ? Tu n'as aucun top plus... plus...

– Plus fille ? ai-je continué, en soupirant.

– Euh oui...

Je me suis avancée :

– Pousse-toi, il y a un truc que je n'ai jamais mis, ça devrait le faire.

J'ai sorti une sorte de blouse à manches courtes turquoise.

– C'est canon, a approuvé Juliana. Maintenant détache tes cheveux et assieds-toi sur la chaise, j'ai apporté ma trousse, je vais te maquiller.

– Me maquiller ? Pas question !

– Amandine, c'est une journée exceptionnelle, fais un effort !

– Bon d'accord, mais à peine !

Je ne sais pas exactement ce qu'elle m'a mis sur le visage mais une fois habillée, coiffée et maquillée, lorsque je me suis regardée dans le miroir, je me suis trouvée… jolie ! Et j'ai bien vu dans le grand sourire ému de ma mère, quand on est redescendues, que ça lui plaisait aussi.

Dans le garage, beaucoup d'invités étaient déjà arrivés. Romain a mis la musique et… Rien. Personne ne s'est mis à danser. Les filles restaient d'un côté de la pièce et les garçons, de l'autre. Je ne sais pas combien de temps ça a duré mais ça m'a paru une éternité. Mandy, qui avait disparu, est revenue dans la pièce avec le gâteau et j'ai soufflé mes bougies.

Alice a décrété que c'était le moment des slows et je me suis retrouvée à danser avec Vincent. Je pense que je lui ai marché douze fois sur les pieds et j'étais soulagée quand la musique s'est terminée.

Les autres ont continué de danser et je suis sortie prendre l'air.

Romain et Guillaume m'ont rejointe dehors.

– Amandine, si Vincent voulait sortir avec toi, tu serais d'accord ? m'a demandé Romain.

Je suis restée muette de surprise avant de finalement murmurer :

– Je ne sais pas, je vais réfléchir.

– Cool, a souri Guillaume.

Avant que j'aie pu ajouter quelque chose, ils sont retournés à l'intérieur. Je n'ai pas eu le temps de cogiter, j'ai été appelée dans le garage pour ouvrir mes cadeaux. J'ai eu des CD, une écharpe du LOSC, du maquillage et des BD. J'étais en train de remercier tout le monde quand j'ai entendu la voix de Tanguy derrière moi :

– Amandine, réflexe !

Je me suis retournée et j'ai vu un ballon arriver sur moi, je l'ai contrôlé de la poitrine, puis j'ai fait une passe à Antoine, un autre garçon de l'équipe. Malheureusement l'attention d'Antoine était plus portée sur Mandy que sur le ballon et ma passe a fini dans la petite fenêtre du fond du garage qui a explosé en mille morceaux.

Attirée par le bruit, ma mère est entrée dans la pièce. Elle a regardé les morceaux de verre au sol et a fait reculer tout le monde. Comme il était déjà tard, mes amis ont commencé à partir et j'ai aidé ma mère à nettoyer le garage.

– Je suis désolée, maman, pour la fenêtre. C'était un accident.

– Un accident ? Tu as déjà vu des boums qui se transforment en match de foot ?

– Ben… des boums de footballeurs ?

– Ne fais pas la maligne, jeune fille. Tu t'expliqueras avec ton père et tu rembourseras la vitre avec ton argent de poche.

– D'accord…

Tu veux que je te dise, cher journal, je crois qu'il n'y aura pas d'autre boum dans mon garage avant très longtemps !

Samedi 12 octobre

Cet après-midi, Vincent m'a embrassée. C'était un peu trop mouillé pour moi ! Maintenant, il croit que nous formons un couple. Au secours ! Je préférerais jouer au foot sur un terrain en pente sous la neige plutôt que d'être en couple ! Il va falloir qu'il comprenne que je ne suis pas comme les autres filles. Je l'ai embrassé pour voir ce que ça faisait mais maintenant que je sais, je ne veux pas recommencer tout de suite !

Et puis, j'ai appris hier que j'étais retenue pour passer la deuxième phase de la détection : entraînements en janvier et tournois à partir de mars !

Ça va me faire des semaines super chargées avec deux entraînements hebdomadaires puis deux matchs à partir du printemps. Le foot et les cours, ça fait beaucoup, il n'y a pas de place pour un garçon et ses bisous baveux !

2003

Mercredi 8 janvier

En parallèle de la détection avec le district des Flandres, Bruno m'a inscrite à une sélection pour faire partie des meilleures joueuses de France de ma catégorie. J'ai passé la première manche avec succès. Dans quinze jours, c'est la phase finale. Ferai-je partie des trois finalistes ?

Mardi 21 janvier

Aujourd'hui, je crois que j'ai fait une bêtise… Je me suis blessée et je ne l'ai dit à personne.

En cours d'EPS, on devait se mettre en position d'ATR – Appui tendu renversé – sur les mains, les pieds en l'air, et tenir quelques secondes dans cette position. Je suis assez forte en gym même si je n'aime pas ça. J'ai fait l'exercice mais je me suis déconcentrée. Au lieu de reposer les pieds normalement, je suis retombée lourdement et trop rapidement. Mon pied a cogné très fort par terre et j'ai senti une douleur me transpercer les orteils. La prof ne m'a pas vue et a proposé d'autres exercices à effectuer. Comme mon pied était chaud, je n'ai plus eu mal pendant le cours.

Mais quelques heures après, j'avais l'impression que mon gros orteil s'embrasait dans ma chaussure.

La sélection pour faire partie des meilleures joueuses a lieu demain. J'espère que le repos de cette nuit fera dégonfler mon pied et que celui-ci me fera moins mal. Bonne nuit !

Mercredi 22 janvier

Cette journée a été un cauchemar. Quand je me suis réveillée, mon pied me faisait souffrir mais c'était supportable. Seulement, quand il a fallu enfiler ma chaussure, je n'ai pas pu me retenir de faire une grimace tellement j'ai eu mal. Mon père ne m'a pas vue monter dans la voiture, il ne s'est pas aperçu que je boitillais.

Sur le terrain, mettre mes crampons a été compliqué mais j'ai réussi. Comme mon pied était compressé, la douleur est devenue supportable. J'ai pu faire l'échauffement et les premiers exercices.

Puis un parcours a été installé : il s'agissait de slalomer entre des plots, de recevoir une passe, de contrôler et de tirer dans les cages.

Si la première partie s'est bien passée, la seconde a été un calvaire car je n'ai pas pu shooter dans le ballon. La douleur était trop forte quand je touchais la balle. Et bien sûr, les sélectionneurs l'ont remarqué.

J'ai dû sortir du terrain, cette fois-ci en boitant vraiment. Mon père est venu à ma rencontre, inquiet. Je me suis assise sur le banc de touche et le médecin de la fédération est venu m'examiner. Quand j'ai ôté ma chaussure, puis ma chaussette, j'ai aperçu un hématome sur mon gros orteil. J'ai raconté au docteur ma chute de la veille. Aucun doute pour lui, mon orteil était fracturé.

Sur la route pour aller passer une radio, mon père, en colère, m'a dit :

– Tu te rends compte de la gravité de la situation ?

– Ce n'est qu'un orteil, papa.

– Je ne te parle pas de ton pied mais du fait que tu aies caché ta blessure. En ne disant rien, tu aurais pu l'aggraver et une blessure qui s'installe sans être vite soignée peut ne jamais guérir. On parle de ta santé, Amandine, pas du foot. Promets-moi que c'est la dernière fois que tu agis ainsi.

– Promis, ai-je répondu, piteuse.

Je suis tellement déçue et en colère contre moi d'avoir raté cette sélection. J'étais si près de toucher mon rêve : être parmi les meilleures jeunes joueuses de France…

La radio a confirmé la fracture et notre médecin a prescrit un arrêt du foot pendant plus de trois semaines. Heureusement que les vacances d'hiver arrivent et que les tournois avec l'équipe du district ne commencent pas avant mars.

Mercredi 19 février

J'ai enfin repris l'entraînement ! Ça me manquait.

Pendant les vacances, j'ai beaucoup vu Alice, on est allées au ciné, boire des chocolats chauds et faire du shopping, enfin, surtout elle !

Sur ses conseils, j'ai pris l'habitude de me maquiller légèrement et je dois avouer que je prends du plaisir à être coquette. Ce matin, quand je me suis préparée pour aller en cours, j'ai donc mis un peu de mascara sur mes cils.

Mais j'avais oublié que l'après-midi, je reprenais le foot. Débarquer à l'Iris Club maquillée n'était pas possible pour moi. Je n'avais pas envie que les garçons se moquent. J'ai essayé d'enlever le mascara en tirant sur les cils doucement mais il en restait toujours un peu. Je me suis dit : « Tant pis, ça fera l'affaire. »

En arrivant devant les vestiaires, je suis tombée nez à nez avec Antoine.

Il m'a fait un grand sourire et m'a lancé :

– Ça fait plaisir de te voir de retour, Amandine !

– Merci !

– Mais… tu es maquillée !

– Non, non !

– Ça te va bien en fait, ça change tes yeux. J'aime bien !

Et il est rentré se mettre en tenue, me laissant plantée devant la porte.

J'ai mis quelques secondes à me remettre de ce compliment. Et si en fait, j'étais jolie ? C'est vrai que je suis toujours en jogging, que je ne me mets pas en valeur. Je ne me suis donc jamais posé la question de savoir si j'étais mignonne ou non. Mais entre Vincent qui me courait après, Tanguy qui m'avait appelée plusieurs fois pendant les vacances pour prendre de mes nouvelles et maintenant Antoine, je me suis dit que je plaisais un peu aux garçons.

Qui a dit qu'on ne pouvait pas être jolie et jouer au foot ?

Personne, non ?

Jeudi 10 avril

Cher journal, je passe ici en coup de vent car je n'ai pas beaucoup de temps.

Avec l'équipe des filles du district, on a gagné le tournoi régional : on va à Paris en mai pour la coupe nationale !

Avec l'Iris, on est en tête du classement de notre championnat.

Je m'éclate sur le terrain avec tous ces matchs mais je suis un peu fatiguée ! Je reviens vite !

Lundi 5 mai

La coupe nationale a lieu dans deux semaines.

Nous étions à table ce soir lorsque le téléphone a sonné. Quand papa est revenu s'asseoir, il avait l'air surpris.

– C'était qui ? a demandé Justine.

– Le recruteur régional.

Je me suis inquiétée :

– Qu'est-ce qui se passe ? Il y a un problème ?

– En fait, tu ne vas pas participer à la coupe avec ton équipe habituelle, mais avec l'équipe des U17, les moins de 17 ans.

– Je vais être surclassée ? Mais pourquoi ?

– Il pense que tu en es capable. On est attendus mercredi prochain pour que tu t'entraînes avec tes nouvelles coéquipières.

– C'est une bonne chose ou pas ? a interrogé maman.

– Je crois que oui, a répondu papa. Ils prennent Amandine très au sérieux.

J'ai subitement réalisé que la coupe nationale pouvait changer ma vie. Et je pouvais voir dans les yeux de mon père qu'il prenait conscience de l'importance de ce tournoi, lui aussi.

Je crois que je ne vais pas très bien dormir les deux prochaines semaines…

Dimanche 18 mai

On y est. Je suis dans la voiture pour Paris avec papa.

Toutes les régions de France sont réunies. Le tournoi se déroule sous forme de poules, puis deux demi-finales et une finale. À l'issue de cette journée, une trentaine de filles seront retenues et pourront passer le concours d'entrée pour intégrer le centre de formation de Clairefontaine.

Clairefontaine, oui, cher journal, tu as bien entendu !

Plus tard, dans la soirée

Je suis couchée sur le lit de notre chambre d'hôtel, épuisée. Je rembobine le film de ma journée.

Au stade, je retrouve Siam et Norah de mon équipe de district. Je ne jouerai pas avec elles, puisque je suis surclassée, mais ça me fait du bien de savoir qu'elles ne sont pas loin.

L'équipe des moins de 17 ans du Nord-Pas-de-Calais est en place sur le bord du terrain quand je débarque. Elles sont arrivées la veille en bus. Comme je suis la plus jeune, mes parents ont préféré que mon père m'accompagne.

Le contact passe plutôt bien avec mes coéquipières mais « Amandine-la-timide » est très présente. Je ne les connais pas, je suis la plus petite et la dernière recrue. J'espère que sur le terrain, je vais pouvoir me faire une place.

Le premier match débute et je suis sur le banc de touche. Normal. Les filles se débrouillent plutôt bien mais, soudain, l'équipe adverse récupère le ballon sur un contre et son attaquante parvient à se faufiler jusqu'au but. Elle tire un boulet de canon et Léa, notre gardienne, ne peut rien faire pour l'arrêter. 1-0.

– Allez, les filles, on ne se déconcentre pas, replacez-vous ! crie Éric, notre entraîneur.

Galvanisées par leur but, les filles d'en face ne laissent plus à notre équipe d'occasion d'approcher de leur surface de réparation.

Le match est très disputé.

Éric se tourne vers moi :

– Amandine, va t'échauffer.

Je me lève et me mets à trottiner le long du terrain.

Je suis en train de faire quelques mouvements de jambes quand j'entends un cri dans mon dos. Je me retourne pour apercevoir mes coéquipières sauter dans les bras les unes des autres. 1-1.

L'arbitre siffle la mi-temps peu après.

À la pause, Éric analyse la partie :

– Bon, les filles, elles sont très irrégulières et cela vous déstabilise. Il faut vous recentrer et n'avoir en tête qu'un seul objectif : marquer ! Louane, tu vas te placer plus en pointe tandis que toi, Élodie, tu te décales sur l'aile droite. Mathilde, tu es la capitaine, c'est aussi à toi de replacer tout le monde quand il le faut. On ne fait pas de changement pour le moment. On y retourne et on se bouge !

Déçue, je me rassois sur le banc.

La nouvelle stratégie d'Éric paye puisque Louane marque deux buts. Nous gagnons le match 3-1. Enfin, quand je dis « nous », j'ai du mal à me sentir concernée, je n'ai pas l'habitude du banc de touche.

Pourtant, apparemment, il va falloir que je m'y habitue puisque je passe tout le deuxième match assise. Les filles font match nul, mais Éric n'est pas inquiet. Si nous remportons le dernier match des poules par une différence de plus de deux buts, nous irons en demi-finale.

Le troisième match commence, comme les précédents, de la même façon pour moi : sur le banc. Mais je ne suis pas seule à vivre une partie difficile. L'équipe rivale nous donne du fil à retordre et marque un but au milieu de la première période. Toute notre équipe est mobilisée en défense et n'arrive pas à franchir le rond central.

À la mi-temps, sur notre coin de pelouse, l'ambiance n'est pas au beau fixe. Éric a l'air très inquiet.

– Bon, Amandine, tu entres en jeu. Louane, tu as fait deux super matchs, mais tu fatigues un peu, tu vas te reposer. Élodie, tu passes en pointe et Amandine, en soutien. On doit marquer trois buts. Si vous voulez aller à Clairefontaine, c'est maintenant qu'il faut le montrer. Go !

Enfin, je vais pouvoir fouler le terrain.

Dès les premières minutes, notre duo avec Élodie fonctionne. Comme si on avait joué ensemble toute notre vie. Quand j'ai le ballon, je n'ai presque pas besoin de lever la tête, je sais déjà où elle va aller et réciproquement. Je lui fais donc une jolie passe, elle reçoit la balle sur le pied, et dans la foulée, elle tire en faisant une aile de pigeon magnifique ! But ! On ne s'attarde pas, on récupère le ballon et on revient se positionner pour l'engagement.

Nos adversaires reprennent du poil de la bête et recommencent leur forcing dans notre moitié de terrain. Mais Élodie parvient à récupérer le ballon. Je prends tout le monde de vitesse en me mettant à courir vers la surface opposée et vers la dernière défenseuse. Tout le monde de vitesse sauf… Élodie qui me fait une très longue passe. Je récupère le ballon, dribble la dernière joueuse et me trouve face à la gardienne. Je temporise et vise la lucarne gauche, la balle part comme un boulet de canon. Impossible à rattraper. 2-1.

Élodie fonce sur moi en riant :

– Allez, plus qu'un ! On tire à pile ou face celle qui le marque ?!

– OK, pile, je marque, face, tu ne marques pas !

On retourne se positionner en gloussant et je me rends compte que l'ambiance a changé dans notre équipe. Les regards sont déterminés. On va le gagner ce match !

Quelques secondes avant la fin, après un superbe une-deux entre Élodie et moi, je lui fais une ultime passe et elle marque tout en finesse le but nécessaire à notre qualification.

Le coup de sifflet final se fait à peine entendre tant nous sommes toutes en train de crier !

En demi-finale, Éric nous propose de consolider notre duo et cela fonctionne. Nous gagnons le match très facilement 2 à 0.

Mais juste avant la finale, Élodie ressent une douleur dans la cuisse. Sur son dernier but, elle a sauté haut pour marquer de la tête et s'est fait une petite élongation. Eric décide de la laisser sur le banc pour la première mi-temps.

Je me retrouve donc à l'attaque, avec Louane sur l'aile droite et Jenny sur l'aile gauche. J'ai du mal à trouver ma place dans ce trio. Nous n'avons jamais joué toutes les trois ensemble et cela se ressent.

La première période est hasardeuse. Nous tâtonnons. Mais sur un corner de Jenny, Louane marque un but et l'atmosphère se détend un peu.

À la pause, nous apprenons que la blessure d'Élodie mérite un peu plus que quelques minutes de repos et qu'elle ne rentrera pas sur le terrain. Éric décide de modifier nos positions : Jenny redescend au milieu défensif pour renforcer la défense, Louane passe en pointe et je me place en soutien, en numéro 9, au milieu offensif.

Juste avant la reprise, Éric nous prend, Louane et moi, en aparté :

– Les filles, vous êtes capables de très bien jouer ensemble, j'en suis sûr. À vous de trouver comment. Tous les yeux des membres de la FFF sont braqués sur vous. Action !

En trottinant vers le rond central, je m'adresse à Louane :

– Je récupère les balles, je te les passe, tu marques. OK?

– OK!

Je pense que la grande peur de Louane était que je lui vole ses ballons de but. Ça m'est égal de marquer, ce que je veux, c'est que l'équipe gagne. Mes paroles semblent avoir libéré ma coéquipière : elle court sur toutes les balles, dribble comme jamais et se crée plusieurs occasions de but. Je lui sers le ballon sur un plateau à de nombreuses reprises et non seulement elle marque, mais elle marque trois fois ! On ne nous arrête plus ! Enfin, si : le coup de sifflet final !

On a gagné la coupe nationale !

Nous formons toutes une ronde et nous chantons, dansons, crions ! Ma première grande compétition ! Je m'échappe quelques instants pour me jeter dans les bras de mon père.

– Je suis fier de toi, ma fille.

Je retourne auprès de mes coéquipières et nous soulevons la coupe toutes ensemble.

Voilà ! Je ne sais pas si je ferai partie des trente sélectionnées pour l'essai. Mais j'ai passé une des meilleures journées de ma vie !

une super équipe !

Lundi 21 juillet

Qu'il est long cet été ! On nous a dit qu'on pouvait être appelées jusqu'à la mi-août…

Les journées paraissent interminables. Je vais à la piscine avec mes copains ou Justine, mais je n'arrive pas à m'amuser. Je surveille la boîte aux lettres plusieurs fois dans la matinée. J'en ai marre de tourner en rond !!!

Lundi 4 août

Quand je suis rentrée d'une journée avec mes copines, j'ai retrouvé Justine sur le seuil de la maison.

– Si j'étais toi, j'attendrais un peu avant de rentrer, m'a-t-elle lancé.

– Pourquoi ?

– Maman a reçu un coup de fil hyper important. Elle a appelé papa au travail. Il vient d'arriver et il est en train de rappeler la personne.

– Ah ? Et tu sais de qui il s'agit ?

– Isabelle ou Élisabeth Loiseau, un truc comme ça, je crois !

– Quoi ? Élisabeth Loisel ?

– Oui, c'est ça !

– C'est la sélectionneuse de l'équipe de France féminine !

– Je sais pas, moi. Mais ça met un sacré bazar à la maison !

J'ai pénétré en trombe dans l'entrée. Ma mère m'a fait signe de me taire.

– Oui madame, nous comprenons, a dit mon père dans le combiné. Nous en parlons avec Amandine et nous vous rappelons... Oui, très vite... Merci beaucoup. Au revoir madame.

– Alors ? Alors ? me suis-je écriée. Qu'est-ce qu'elle voulait ?

– Réunion de famille urgente dans le salon, a annoncé papa.

Je ne pouvais pas m'asseoir tellement je bouillais d'impatience.

– Bon, Amandine, tu as été repérée à la coupe nationale et Élisabeth Loisel travaille aussi avec le centre de formation de Clairefontaine. Elle voudrait que tu intègres le sport-études dès septembre.

– Mais c'est super !

– En fait, non, a dit ma mère. Tu es trop jeune.

– Quoi ? Mais non !

– Calme-toi, a fait mon père. Comme tu le sais, le centre de formation est ouvert aux filles à partir de la classe de seconde. Tu passes en troisième à la rentrée. Cela veut dire qu'à Clairefontaine, tu serais la seule fille de ton niveau scolaire, tu jouerais avec des filles plus âgées et tu ne serais pas sûre de participer aux matchs. Étant la plus jeune, tu risques d'être souvent sur le banc. De plus, tu n'as pas encore 14 ans. Tu n'es pas prête pour partir loin de la maison, ni pour prendre le train seule tous les week-ends pour rentrer. Tu as le brevet à la fin de l'année, il ne faut pas négliger tes études.

– Mais… ai-je commencé faiblement.

Je savais qu'au fond, ils avaient raison mais je n'avais pas envie d'entendre ce discours.

– Mais… on pourrait tenter et si ça ne marche pas, je reviens ?

– Non, parce que si ça ne marche pas, les portes de Clairefontaine te seront définitivement fermées. Il n'y a pas de seconde chance, a répondu mon père.

– D'accord…

– L'an prochain, tu vas participer de nouveau à la coupe nationale et, de nouveau, tu feras partie des trente. Cette fois-ci, tu auras l'âge requis et on te laissera partir.

– Promis ?

– Promis, a dit ma mère, les yeux humides.

– Bon… Vous pouvez rappeler madame Loisel et lui annoncer que je serai à Clairefontaine dans un an !

2004

Jeudi 1er janvier

Bonne année, cher journal !

Je sais que je n'écris pas trop, mais depuis la rentrée, c'est la folie !

En plus du collège, j'ai toujours deux entraînements hebdomadaires, un match avec l'Iris et un tournoi une semaine sur deux ou sur trois avec l'équipe du district. Et comme c'est l'année du brevet, ma mère a décidé que mes études étaient prioritaires. Alors, un prof particulier vient les mercredis soir à la maison pour me donner un coup de main dans presque toutes les matières.

Je n'ai plus beaucoup le temps de voir la bande d'Alice et Juliana. Je sais qu'elles ne comprennent pas trop ma vie mais ce sont mes amies et j'aimerais parfois avoir une vie d'ado normale comme elles !

En attendant, je ne perds pas de vue mon objectif : Clairefontaine.

Ma mère me met la pression : pas de bonnes notes, pas de sport-études.

Je sais ce qui me reste à faire : plonger dans mes fiches d'histoire-géo !

À plus, cher journal !

Lundi 5 avril

Cette semaine, pas de foot pour moi. Je me suis fait une entorse. Rien de grave. Je voulais la dissimuler à mes parents mais ma mère m'a surprise en train de mettre de la pommade…

Ma première entorse ? J'avais 13 ans. Je n'en avais parlé à personne.

Je sais ce que tu pourrais dire, cher journal, si tu pouvais t'adresser à moi : « C'est une manie chez toi, de le cacher quand tu te blesses ! » Tu n'aurais pas tort ! Je ne veux pas qu'on me voie comme une chose fragile, parce que je suis une fille.

L'avantage de mon entorse cette fois-ci est que je vais pouvoir aller à la fête de Romain, samedi. J'ai eu des bons résultats en cours lors des deux premiers trimestres, alors cette soirée est ma récompense !

C'est la première fois que je sors le soir, sans mes parents. Mon père vient me chercher à 23 h !

Samedi 10 avril

Je rentre de l'anniversaire de Romain, il est presque minuit. C'était trop bien !

J'ai réalisé au début de la soirée que l'an prochain, si tout se passe bien, je ne verrai plus toutes ces personnes : Alice, Juliana, Jade, Farah, Pauline, Charlotte, Héléna, Guillaume, Hugo, Mehdi, Vincent, Romain… J'ai donc voulu en profiter à fond. J'ai discuté avec les filles, j'ai même dansé avec elles ! J'ai bien rigolé avec les garçons aussi. Pendant les quatre années de collège, nous nous sommes croisés presque tous les jours. Je me suis fait des vrais amis mais je sais que si je pars à Clairefontaine, ça va être compliqué de rester en contact. Le foot me prend presque 100 % de mon temps.

Parfois, je me demande si c'est ce que je veux. Je ferme les yeux, j'imagine ma vie dans quelques années. Je ne me vois pas faire autre chose que taper dans un ballon.

Je sais que je suis faite pour ça.

Je tombe de sommeil. Bonne nuit !

Dimanche 9 mai

Aujourd'hui, après un match avec l'équipe de district, un homme moustachu est venu nous parler à mon père et à moi alors que nous nous apprêtions à monter dans la voiture.

– Monsieur Henry ?

– Oui, c'est moi, a répondu mon père.

– Bonjour, je suis Michel Dumont, entraîneur de l'équipe féminine des moins de 19 ans d'Hénin-Beaumont. J'aimerais discuter avec vous de votre fille. Je sais qu'elle a de grandes chances d'intégrer Clairefontaine à la prochaine rentrée.

– Oui…

– Et nous aimerions la recruter dans notre club pour jouer les week-ends, quand elle rentrera, puisque la première année, elle ne jouera pas de match là-bas.

– C'est-à-dire qu'elle joue déjà en club.

– Oui, mais nous, nous sommes un club semi-professionnel, avec une structure plus complète que celle de l'IC Lambersart. Et surtout une équipe exclusivement féminine, très bien classée en championnat. Si votre fille veut faire carrière dans le foot, il lui faut un club à la hauteur de ses ambitions ! Voici mon numéro, réfléchissez-y !

– D'accord. Merci monsieur.

Dans la voiture, mon père m'a demandé :

– Que penses-tu de cette proposition, Amandine ?

J'ai réfléchi un instant puis je me suis tournée vers lui :

– Je crois que c'est une proposition à étudier sérieusement. L'Iris n'a pas d'équipe féminine et il faut que je joue avec des filles maintenant. Physiquement, je ne fais pas toujours le poids face à des garçons de mon âge. Et puis, c'est vrai que si je veux devenir pro…

– OK, a dit mon père. Je vais appeler ce Michel Dumont dans la semaine et nous irons rencontrer les dirigeants d'Hénin-Beaumont.

Dimanche 23 mai

Je suis en route pour le tournoi national qui a lieu à Paris, comme l'an dernier.

J'ai la pression. Qu'on gagne ou qu'on perde, je n'ai pas le choix, je dois être dans les 30 sélectionnées.

Croise les doigts pour moi, cher journal.

Jeudi 1er juillet

JE SUIS PRISE À CLAIREFONTAINE !!!!!!!!!

vendredi 2 juillet

Je me remets à peine de mes émotions… Je te raconte ?

Hier matin, je me lève, je ne sais pas trop ce que je vais faire de ma journée. Avant de partir travailler, ma mère me lance :

– Au fait, Amandine, tu as du courrier. Ça a l'air d'un courrier administratif. Peut-être pour l'inscription au lycée. Tu regardes et tu me donnes le papier si je dois le remplir ? Il est sur le meuble de l'entrée.

J'attrape l'enveloppe blanche et la décachète, sans réfléchir. Je commence à lire mais je ne comprends pas les mots qui se mélangent.

– Tout va bien, chérie ? me demande ma mère.

– C'est Clairefontaine, je crois que je suis acceptée…

– Quoi ? s'écrie ma mère. Montre-moi !

Elle s'empare du papier et se met à le lire.

– Appelle papa ! Il est parti au travail. Il faut qu'on lui annonce…

– Qu'on lui annonce quoi ? dit d'une voix encore ensommeillée Justine qui vient de se lever.

– Que ta sœur va quitter la maison pour devenir la meilleure joueuse de foot du monde ! lance ma mère avant de me prendre dans ses bras.

Puis elle me chuchote à l'oreille :

– Je suis si fière de toi, Amandine.

Lundi 6 septembre

Je suis dans la voiture pour Clairefontaine.

Je vais retrouver Élodie qui était dans l'équipe du district avec moi. L'an dernier, elle avait raté la sélection à cause de sa blessure, mais cette année, elle a été prise. Elle sera en première, et moi en classe de seconde. Mais au moins, je ne serai pas seule au centre. Et on prendra le train ensemble le vendredi soir pour rentrer chez nous, et le dimanche soir pour retourner à Clairefontaine.

Mon père et ma mère, plutôt bavards au début du trajet, deviennent de plus en plus silencieux à mesure qu'on approche de notre destination. Justine est restée chez mes grands-parents. Nous nous sommes à peine dit au revoir. Je crois que ni l'une ni l'autre ne réalisons que nous allons être séparées la semaine. Nos relations ne sont pas toujours simples, nous n'avons pas du tout les mêmes goûts, mais c'est ma petite sœur. J'espère qu'il ne lui arrivera rien pendant que je ne serai pas là, je ne pourrai pas la protéger.

Nous arrivons enfin. Nous franchissons un grand portail puis une allée bordée d'arbres. Le domaine est entouré par une forêt.

La voiture passe devant un manoir que je connais bien. Les dimanches matin, lors de l'émission « Téléfoot », les joueurs de l'équipe de France masculine ont été souvent filmés ici, en train d'y pénétrer ou en duplex depuis la terrasse.

Nous avançons vers d'autres bâtiments et mon père gare la voiture.

Un panneau « Accueil des nouveaux élèves » nous guide vers le porche d'une grande maison.

– Bonjour, nous lance une jeune femme, je suis madame Perruchet, la surveillante en charge des filles.

Elle cherche mon nom sur la liste :

– Henry Amandine, classe de seconde. Tu es bien là ! Bienvenue Amandine. Si tu as le moindre souci pendant la semaine, tu dois venir me voir. Magali, une terminale, va te montrer la maison. J'ai cru comprendre que tu connaissais une autre élève qui vient de la même région que toi. On vous a mises dans la même chambre. J'espère que ça ira.

– Je suis dans la chambre d'Élodie ?

– Oui, ça pose un problème ?

– Non, pas du tout, au contraire ! Cool !

– Très bien ! Magali, tu peux faire visiter le centre à Amandine et à ses parents ?

– Bien sûr, suivez-moi ! nous propose une fille un peu plus âgée que moi, mais plus petite.

Magali nous fait d'abord sortir pour nous indiquer le terrain d'entraînement et l'arrêt de la navette qui nous emmènera au lycée et à la gare le vendredi soir.

Nous rentrons à nouveau dans le bâtiment des filles.

– Au rez-de-chaussée, se trouve la salle d'études. C'est là que nous faisons nos devoirs. À côté, le salon télé. Parfois, on a le droit de regarder des films, mais surtout on assiste aux matchs de l'équipe de France. Comme on a un plus grand écran, les garçons nous rejoignent.

Ma mère hausse les sourcils. Magali le remarque et s'empresse de continuer :

– Bien sûr, les surveillants sont présents. Ici, c'est la salle pour le petit déjeuner et le dîner. Le premier étage est réservé aux chambres des filles de seconde et quelques premières. La chambre des surveillantes se situe à cet étage. Le dernier étage est celui des terminales et d'autres premières. La salle de bains et les toilettes se trouvent au bout du couloir. Il y a les noms sur les portes. Je te laisse trouver ta chambre, je redescends accueillir d'autres filles. À plus tard !

En effet, sur la première porte, mon nom et celui d'Élodie sont affichés.

J'ouvre la porte. Ma colocataire est en train de s'installer en discutant avec ses parents.

– Salut Amandine ! Je suis trop contente qu'on soit ensemble !

– Moi aussi ! Bonjour madame, bonjour monsieur !

Tandis que nos parents font connaissance, on se répartit l'espace. Nous avons chacune un lit, une armoire, un petit bureau avec une chaise. Un confort minimum mais, à cet instant précis, je m'en moque !

Ma mère m'aide à déballer mes affaires pendant que mon père finit de remplir quelques papiers. Puis c'est l'heure du départ pour eux.

Au revoir, les parents !

Un peu plus tard, dans la soirée

Je suis allongée sur mon lit. « Mon » lit. Ça me fait bizarre de dire ça. Je ne réalise pas encore, je crois.

Quitter mes parents a été difficile pour eux, comme pour moi. Ma mère avait les larmes aux yeux. Mon père n'était pas très joyeux non plus. Je suis contente d'être ici, mais quitter ma famille n'est pas évident.

Heureusement, je ne suis pas toute seule. Élodie et moi, nous nous serrons les coudes. Ma coloc a eu un coup de cafard, ce soir. Son petit copain lui manque. Elle a punaisé des photos de lui partout dans la chambre, j'ai l'impression de super bien le connaître !

Demain, premier entraînement, pour rencontrer les autres filles.

La rentrée au lycée a lieu dans deux jours.

Bienvenue dans ma nouvelle vie.

Mardi 5 octobre

Le temps file super vite.

Cela fait plus d'un mois que je passe mes semaines ici.

Du lundi au vendredi soir, je suis au centre et au lycée. Puis le vendredi soir, je prends le train avec Élodie. Le week-end file à toute allure jusqu'au dimanche soir, quand je reprends le train, toujours avec Élodie.

Je dois avouer que ce rythme est fatigant.

Une journée-type se déroule ainsi :

Levée à 6 h 45, je file sous la douche, et au petit déjeuner. Puis, à 7 h 30, on a rendez-vous à l'arrêt de la navette qui nous emmène tous au lycée. Quand nous débarquons là-bas, on ne passe pas inaperçus. Une vingtaine de filles et de garçons, presque toujours en jogging, on ne peut pas nous louper.

Nous avons cours jusqu'à 15 h 30, et ensuite, c'est le retour au centre. De 16 h 30 à 18 h 30, entraînement. Puis, après la douche, nous dînons et nous faisons nos devoirs ensuite. Extinction des feux à 22 h au plus tard.

Tous les soirs, j'appelle mes parents depuis la cabine téléphonique située devant notre bâtiment. Ça ne dure que quelques minutes mais ça me permet de moins ressentir le manque d'eux. Ma mère, elle, a trouvé une parade pour combler mon absence : elle a adopté un chien ! Un dalmatien prénommé Vidocq me remplace à la maison ! Le week-end, je l'entraîne au foot pour qu'il soit à la hauteur !

D'ailleurs, tous les week-ends se déroulent selon le même programme. Vendredi à 17 h 30, la navette nous dépose à la gare Montparnasse. De là, nous nous séparons selon nos destinations. Élodie et moi fonçons à la gare de Nord pour attraper notre train de 18 h 45. Deux heures plus tard, nous arrivons à Lille.

Le samedi matin, je reste en famille, je traîne avec Justine et je fais mes devoirs.

Puis l'après-midi, je pars au club d'Hénin-Beaumont m'entraîner pendant deux heures.

Le samedi soir, je m'endors devant la télé sauf s'il y a un match du LOSC !

Le dimanche matin, mon père m'accompagne au match. En milieu d'après-midi, je rentre chez moi, on dîne tôt en famille. J'embrasse ensuite ma mère et ma sœur, puis direction la gare avec mon père pour retrouver Élodie. Dans le train, on finit nos devoirs ou on dort. À Paris, à la gare du Nord, on arrive vers 22 h. Habillées de joggings, on met nos capuches sur la tête. Deux blondes de 15 ans, le soir tard dans une gare, ce n'est pas très recommandé, nous ont prévenues nos parents. On s'engouffre dans le métro pour rejoindre Montparnasse et le bus qui nous ramène au centre. On arrive à Clairefontaine vers minuit, on monte vite se coucher et le lundi, à 6 h 45, la semaine recommence.

Les deux premières années, au centre de formation, il n'y a pas de match, seulement des entraînements.

Ce n'est pas évident pour moi, tout cela : la séparation avec mes parents, la vie en internat, le lycée… Mais au milieu de tout ça, il y a le foot. Et rien que pour ça, je m'accroche, même si je dois reconnaître que je me relâche un peu au niveau scolaire.

Je sens mes yeux qui se ferment. Bonne nuit, cher journal.

2005

Mercredi 19 janvier

Je suis dans la salle d'études et je m'ennuie. J'ai une entorse, alors je suis au repos forcé.

Comme on ne joue pas de match, on doit en faire avec notre équipe quand on rentre le week-end. La compétition fait partie de la progression.

Mais le souci est qu'à Hénin-Beaumont je joue tous les matchs en entier, tous les week-ends, alors que les autres filles du centre ne font qu'une mi-temps ou un match une semaine sur deux, afin qu'elles puissent se reposer.

La coach du centre, Nadia, vient de passer une heure au téléphone avec mon entraîneur de club. Je l'ai entendue depuis le couloir où je traînais :

– Vous ne pouvez pas la faire jouer tous les dimanches. Elle ne tiendra pas le coup physiquement.

– …

– Oui, je sais qu'elle est solide. Mais elle a quinze ans, elle est en plein développement.

Elle a un rythme trop soutenu, elle est épuisée.

– …

– Elle est arrêtée deux semaines.

– …

– Merci de votre compréhension. Au revoir.

Quand elle est sortie du bureau, Nadia m'a aperçue.

– Tu es là, toi. J'ai eu ton entraîneur. Normalement, tu devrais jouer moins avec ton club.

– D'accord, ai-je répondu.

– Ne reste pas là, le kiné t'attend pour ta séance.

J'ai filé, soulagée. C'est vrai que je fatiguais un peu.

Lundi 14 février

Depuis deux semaines, j'ai un copain. Il s'appelle Amaury. Il est très gentil et plutôt mignon.

Nous sommes dans la même classe. C'est très sympa.

Sauf qu'aujourd'hui, j'avais oublié qu'on était le 14 février, le jour de la Saint-Valentin…

Quand la navette nous a déposés, j'ai vu qu'Amaury m'attendait devant le portail du lycée.

Nous nous sommes embrassés et il m'a tendu un petit paquet en me disant :

– Bonne fête des amoureux, Amandine !

– Euh….

– Il y a un problème ?

– En fait, je n'ai pas fait attention à la date et… je ne t'ai rien acheté.

– Ce n'est pas grave, a-t-il répondu avec un petit sourire.

Je voyais bien qu'il était déçu. Je m'en suis voulu.

J'ai cherché comment me rattraper.

– Si tu veux, ce week-end, exceptionnellement, je ne rentre pas dans le Nord car il y a l'équipe de France qui vient au centre. Je peux inviter une personne. Ça te dit ?

– Super ! s'est-il exclamé.

Je crois que j'ai réussi à le consoler. J'ai ouvert le petit paquet et j'ai découvert un joli bracelet en argent, avec des petites perles turquoise.

– Ça te plaît ? Il est assorti à tes yeux.

– Oh oui, merci beaucoup !

La sonnerie du début de cours m'a interrompue et nous sommes entrés, main dans la main, en classe.

Ça me fait bizarre d'avoir un copain, mais je l'aime bien.

Dimanche 20 février

Aujourd'hui, les Bleus viennent enregistrer une émission à Clairefontaine après leur match amical contre la Suède la semaine dernière.

L'occasion était trop belle et comme ma cheville est encore fragile, je suis dispensée de match à Hénin-Beaumont. J'ai obtenu l'autorisation de rester au centre ce week-end.

– Passe le bonjour à Thierry Henry de la part d'Yvon Henry, jeune Amandine Henry ! m'a lancé mon père, au téléphone, en riant, tout content de sa blague.

Je suis allée chercher Amaury au portail principal. Je suis assez fière de lui montrer le terrain d'entraînement, le bâtiment principal, l'endroit où je vis.

– C'est dingue, j'ai grandi à Clairefontaine et je n'étais jamais venu sur le domaine de la FFF, a-t-il déclaré, impressionné.

– Suis-moi !

Nous sommes rentrés par la porte arrière du manoir et nous nous sommes glissés dans le public, installé depuis plusieurs minutes.

Les journalistes étaient déjà présents sur le plateau.

Certains joueurs ont fait leur entrée : David Trezeguet, l'auteur du seul but lors du dernier match, Patrick Vieira, Ludovic Giuly. Puis Raymond Domenech, le sélectionneur, les a rejoints. Et enfin, Thierry Henry est apparu. Amaury m'a poussée du coude et on s'est souri.

L'émission a commencé. C'était passionnant de les entendre expliquer leur jeu, les tactiques d'attaque et de défense, les réactions de leurs adversaires. J'ai cru voir Amaury bâiller à un moment, mais je ne suis pas sûre.

À la fin, une fois le générique entamé, les joueurs se sont levés et sont venus signer des autographes dans le public. Thierry Henry s'est approché de moi, et Amaury lui a dit :

– Thierry, vous pouvez signer un autographe pour ma copine ? Elle s'appelle Amandine Henry !

– Henry ? Joli nom ! Tu joues au foot ici ?

– Oui !

– Avec un nom pareil, tu seras une championne !

– Je croise les doigts !

Il m'a fait un grand sourire puis il est parti. J'étais sur un nuage !

– Amandine, ici la Terre ! a lancé Amaury. Il est sympa, Titi, mais ne t'enflamme pas, il a dit ça pour te faire plaisir !

Je l'ai regardé, un peu vexée et je lui ai rétorqué :

– Et pourquoi je ne serais pas une championne, un jour ?

– Ça va, je rigole ! En tout cas, c'était sympa de les voir ! On va se promener dans le parc ?

– Non, les visiteurs n'ont pas le droit de rester et je suis attendue pour une séance de kiné, ai-je menti.

– Ah bon ? OK…

J'ai raccompagné Amaury puis je suis rentrée tranquillement vers mon bâtiment. J'avais envie de revenir sur mon nuage !

vendredi 8 avril

Ce soir, je rentre chez moi et je stresse. J'ai enchaîné les mauvaises notes en cours et mes parents ont eu un rendez-vous téléphonique avec mon prof principal hier. Je sens que ça va barder.

En plus, c'est fini avec Amaury. Il voulait qu'on se voie tout le temps mais avec mes entraînements et mes week-ends chez moi, ce n'était pas possible. Il m'a fait un chantage : c'était lui ou le foot. Il n'a pas compris ma vie.

Je suis un peu triste quand même.

Dimanche 10 avril

Bon, le week-end a été moins horrible que prévu.

Quand je suis arrivée, mes parents ont vu que je n'avais pas trop le moral. Ils m'ont laissée tranquille. D'autant plus qu'on a perdu avec

Hénin-Beaumont. Ma cheville me fait un peu mal et l'entraîneur a tenu à ce que je joue tout le match. Pas cool…

vendredi 1er juillet

Ce soir, ce sont enfin les vacances !

À la rentrée de septembre, tout va changer.

Je vais jouer avec l'équipe de Clairefontaine le week-end.

Mes parents et l'équipe du centre ont eu une discussion agitée avec les dirigeants d'Hénin-Beaumont. Ces derniers voulaient me garder au club mais ils ne comprenaient pas que j'aie besoin de périodes de repos, sans jouer.

Mes résultats scolaires sont un peu remontés, mais ce n'est pas encore ça. Je passe en première et mes parents espèrent que faire moins d'allers-retours sera bénéfique à ma forme et à mes devoirs !

Pour jouer avec les filles du centre, j'ai été surclassée. Normalement, en deuxième année, j'aurais dû suivre juste les entraînements. Mais le staff croit en moi et je vais jouer de nouveau avec Élodie !

Cette année, nous ne sommes pas dans la même chambre. Comme elle est en terminale, elle est montée à l'étage au-dessus. Je serai avec Salma, une fille super sympa qui vient du sud.

Jeudi 15 septembre

Nouvelle chambre, nouvelle coloc, nouveau planning, nouvelle vie !

J'adore cette rentrée, je me sens bien.

C'est la première fois que je joue dans une équipe régulière avec des filles de mon âge ou presque. À Hénin-Beaumont, il y avait des joueuses de plus de 25 ans !

L'ambiance dans l'équipe est géniale, ça me rappelle mes tournois avec l'équipe du district.

Mais là, il n'y a pas de compétition à tout prix entre nous, du moins pas en apparence. Nous savons que régulièrement, au bord des terrains, des recruteurs assistent à nos matchs. Mais nous avons décidé de ne pas y prêter attention, sinon la pression serait trop forte.

De plus, le staff va faire tourner les joueuses pour que de temps en temps, chacune notre tour, nous soyons en repos pour rentrer chez nous.

Car pour mes parents, cette rentrée est plus difficile. Ne pas me voir tous les week-ends leur manque alors, une semaine sur deux, ils viennent à Clairefontaine. Ils me voient jouer et leur présence me booste !

Et quand, une fois par mois, je suis de retour à la maison, c'est la fête !

Le gros point noir, ce sont les cours. Je fais de la gestion, ça ne me plaît pas du tout, je m'ennuie en classe. Mais mes parents insistent pour que je m'accroche. Et je sais qu'ils ont raison.

Je ne vais pas t'écrire souvent, cher journal, je n'ai plus trop le temps mais je reviendrai te donner des nouvelles de temps en temps, promis !

Dimanche 25 septembre

Aujourd'hui, c'était notre premier match ensemble.

On a encore un peu de travail pour apprendre à se connaître mieux, mais il y a de très bonnes bases.

J'ai même marqué un but, sur une superbe action menée avec Élodie ! Notre duo de choc est reformé !

Je te raconte l'action ?

Profitant d'une relance de notre gardienne, Hélène, toute l'équipe est montée vers le milieu du terrain. Mais nous avons cafouillé et nous avons perdu le ballon qui est revenu très vite dans notre surface. L'attaquante adverse a tiré mais Mathilde était présente au second poteau et a dévié le ballon qui a atterri sur Élodie. Celle-ci a contrôlé de la poitrine, a temporisé et m'a fait une très longue passe. J'ai pris de vitesse nos adversaires et j'ai foncé vers leurs cages. Sauf que deux défenseuses me barraient le chemin. J'ai entendu galoper derrière moi et sans me retourner, j'ai fait une talonnade. Le ballon est revenu dans les pieds d'Élodie qui avait fait la course de sa vie pour me rattraper !

J'ai jamais couru aussi vite !

Elle a dribblé une joueuse puis m'a repassé le ballon. J'ai alors lobé la gardienne : but !

Le soir, Élodie est venue dans ma chambre et on a élaboré des techniques d'attaque, des stratégies pour les coups francs. On est à fond !

Jeudi 13 octobre

Une petit coucou pour te raconter un événement extraordinaire : j'ai rencontré Zinédine Zidane !!!

Tu te rends compte ? Mon joueur préféré de tous les temps !

Cet été, il a annoncé son retour en équipe de France en vue de la Coupe du monde de 2006. Et en ce moment, il est ici, à Clairefontaine, pour la préparation au match de samedi, contre Chypre.

Avec toute l'équipe, on a eu le droit d'assister à l'entraînement privé des Bleus. C'était génial de les voir évoluer sur le terrain, à quelques mètres à peine.

Zidane nous a fait un signe de la main, puis il s'est approché :

– Bonjour les filles ! Vous venez nous soutenir ?

Toutes mes coéquipières ont répondu, elles ont demandé des photos avec lui, certaines lui ont même fait la bise.

Moi, je suis restée en retrait, pétrifiée. Je n'ai pas ouvert la bouche.

En partant, il m'a regardée et m'a fait un signe de tête. Je crois qu'il a compris à quel point j'étais impressionnée.

Aujourd'hui, c'est l'un des plus beaux jours de ma vie !

2006

Dimanche 9 juillet

Ce soir, la France est en finale de la Coupe du monde.

Je suis chez moi, avec mon père. On a suivi cette compétition tous les deux, comme toujours.

Ça m'avait manqué, nos petits rituels ensemble.

Je me rends compte de l'importance qu'ont mes proches dans ma vie. Sans eux, sans leur soutien, je ne pourrais pas vivre ma passion à 100 %. Je ne compte pas le nombre de trajets en voiture qu'a faits mon père pour m'accompagner aux tournois, aux entraînements, ni le nombre de sandwichs réalisés par ma mère pour ces mêmes tournois…

Bon, j'arrête d'être sentimentale. Le match va commencer.

Allez les Bleus !

Plus tard, dans la nuit

On a perdu. Zidane a mis un but sur penalty, une magnifique panenka, puis il a pris un carton rouge suite à un coup de tête qu'il a donné.

Je suis triste d'avoir perdu, mais surtout triste pour lui. Finir sa carrière sur un carton rouge, c'est dommage. Zinédine Zidane reste cependant un très grand joueur, le plus grand pour moi !

2007

Jeudi 3 mai

Alors, voilà. Je ne suis pas venue ici depuis longtemps. Ces deux dernières années, entre les cours et le foot, je n'ai pas eu le temps de t'écrire.

Dans quelques jours, commencent les épreuves du bac. Je ne suis pas bien préparée, je le sais. Pour aucune épreuve. Au pire, je le repasserai l'année prochaine… à Lyon !

Eh oui, j'ai été repérée par les recruteurs de l'Olympique lyonnais, l'un des meilleurs clubs de France. Ils nous ont rencontrés plusieurs fois avec mes parents et c'est officiel : j'ai signé avec ce grand club !

Dans deux mois, j'y pars pour visiter un appartement. Un appartement rien qu'à moi !

Mes parents sont à la fois très contents et terrifiés.

J'ai surpris une conversation entre eux :

– Tu te rends compte… disait ma mère. Lyon c'est encore plus loin que Paris, tu te rends compte, Yvon, on va la voir encore moins. Comment ça va se passer ?

– Ça se passera très bien, a répondu mon père. Fais-lui confiance.

Comme je te le disais, cher journal, terrifiés et contents. Comme moi, en fait !

Mais je n'ai pas que cette nouvelle à t'annoncer, cher journal : je suis sélectionnée en équipe de France des moins de 19 ans pour participer à l'Euro en Islande dans un mois !

vendredi 15 juin

Nous faisons partie du groupe B, nous savons que les jeux vont être serrés et que les matchs vont être très disputés.

Nous allons affronter l'Angleterre, la Pologne et l'Espagne.

Notre premier match a lieu ce soir, contre les Espagnoles. J'ai été nommée capitaine de l'équipe, c'est un très grand honneur et une grosse pression aussi.

Je dois me concentrer. À plus tard.

Samedi 16 juin

Nous avons gagné ! Et grâce à moi : j'ai marqué le seul but de la rencontre !

Jeudi 28 juin

Cet Euro a été complètement fou. Nous avons fini deuxièmes de notre poule, à la sortie des qualifications, derrière l'Angleterre et nous avons réussi à aller jusqu'en demi-finale. Malheureusement, l'Allemagne a été trop forte. Nous n'avons pas pu la battre.

Je reviens en France, à la fois déçue et fière d'avoir porté haut nos couleurs jusqu'à ce stade de la compétition. On fera encore mieux la prochaine fois !

Mardi 10 juillet

Je n'imaginais pas que visiter des appartements serait aussi ennuyeux.

Au bout du quatrième, ouf, le grand studio a plu à tout le monde et surtout à ma mère.

En repartant vers le métro, j'ai soudain réalisé quelque chose. Je me suis arrêtée.

– Ça va, ma chérie ? s'est inquiétée ma mère.

– Je crois que je viens de prendre conscience que je n'habiterai plus jamais avec vous, je ne retournerai plus à la maison.

Ma mère, les yeux mouillés, m'a prise dans ses bras tandis que mon père me caressait les cheveux.

J'ai 17 ans, je vais vivre seule dans une ville inconnue.

Tout va bien se passer…

Samedi 15 septembre

Je te rassure, tout va très très bien !

Je m'éclate au club, j'adore ma nouvelle équipe. Je ne suis pas titulaire mais c'est normal, je suis une des plus jeunes. Jouer avec les meilleures joueuses de France est une fierté pour moi.

Je redouble ma terminale et je m'en sors plutôt bien.

Le seul hic est que, de temps en temps, mon genou droit me fait très mal.

Jeudi 6 décembre

Depuis octobre, j'ai passé toute une série d'examens. Ma blessure au genou est très grave et les spécialistes ont eu du mal à trouver l'origine de mes douleurs.

Les médecins m'ont annoncé hier que j'allais subir une opération jamais faite en France. Le club va faire venir un chirurgien des États-Unis. Mais personne ne peut me dire quand je rejouerai au foot, si je rejoue un jour. Je ne veux pas entendre ces mots.

Seulement, quand je vois mon père pleurer devant moi, tout s'écroule.

Mon monde s'effondre.

2008

Lundi 7 janvier

Aujourd'hui, je me fais opérer.

Mon père est venu depuis Lomme. Il va rester plusieurs semaines avec moi.

Jeudi 3 avril

J'enchaîne les séances de kiné, les soins médicaux. Je trouve le temps très long.

Je déprime.

Je ne suis pas faite pour être immobilisée. Je suis faite pour taper dans un ballon.

Quand mon père est reparti, ça a été très dur. Je passais mes journées enfermée dans mon appartement. Dès que je faisais le moindre mouvement, mon genou se mettait à gonfler.

Lundi 7 juillet

J'ai eu mon bac !

Entre les soins et la rééducation, j'ai eu tout mon temps pour réviser. Mes parents sont super fiers ! Au moins une bonne nouvelle dans ce long tunnel.

Mercredi 22 octobre

Ma mère a senti que je n'allais pas bien moralement le jour où je lui ai dit :

– Tu sais, maman, peut-être que je ne rejouerai jamais au foot.

– Je prends le premier train demain matin, j'arrive.

Sa présence m'a reboostée, mais peu de temps.

Puis, Océane, une copine de terminale, est venue me rendre visite :

– Tu peux marcher ?

– Bien sûr que oui.

– Habille-toi, on va faire les magasins.

– Mais…

– Habille-toi, je te dis !

J'ai suivi Océane et je dois avouer que voir du monde, me trouver des jolis vêtements, ne pas penser à mon genou ou au foot m'a fait du bien.

Le kiné m'a beaucoup aidée aussi. Il m'a dit :

– Amandine, ton genou va être diminué à vie. Mais tu vas pouvoir rejouer. On va tout faire pour ça. Sauf que toi, il faut que ta tête soit d'accord avec ça et que tu n'aies pas peur de te remettre à courir, doucement d'abord puis de plus en plus vite.

Au BTS Gestion que j'ai commencé, j'ai rencontré une super fille, Amandine, elle aussi. Un coup de foudre amical. On se soutient beaucoup. Alors, je me suis dit qu'il fallait que je me remotive, que je guérisse.

Pour mon père qui a toujours cru en moi, pour ma mère qui s'est tellement inquiétée mais qui m'a laissée vivre ma passion, pour Justine qui a toujours été là, dans l'ombre, prête à me soutenir, pour Océane dont les virées shopping m'ont sauvée, pour le kiné qui y a cru avant moi, pour Amandine qui ne se pose jamais de questions et qui fonce, mais aussi pour le club qui ne m'a jamais lâchée.

Et surtout, pour moi.

Je vais y arriver.

Lundi 22 décembre

La rééducation se passe mieux depuis que j'ai décidé d'aller de l'avant.

Je ne râle plus pour faire les exercices. Je reste parfois une heure sur la même machine. Si je veux revenir à un très bon niveau sportif, il faut que je m'accroche.

Je suis de nouveau la seule fille dans un groupe. Autour de moi, il y a d'autres footballeurs, un boxeur, deux handballeurs, tous des garçons.

L'ambiance est bon enfant. On a tous l'impression d'être dans le même bateau, alors on s'échange des conseils, des astuces.

La semaine dernière, le kiné m'a annoncé que je pourrai recommencer l'entraînement au printemps prochain.

Plus que quelques mois et je jouerai de nouveau.

Demain, je rentre dans le Nord pour passer Noël en famille. Je vais faire une surprise à mes parents : ils ne le savent pas, mais je n'ai plus besoin de béquilles pour marcher !

Joyeux Noël, cher journal !

2009

Mardi 1er septembre

Aujourd'hui, je vais de nouveau fouler le terrain d'un stade pour jouer un match.

Depuis juin, j'ai repris l'entraînement avec l'équipe. J'ai été super bien accueillie par les filles. Peu à peu, j'ai retrouvé mes marques. J'ai beaucoup travaillé, j'ai eu des séances supplémentaires pour revenir à un haut niveau.

Ça n'a pas été facile, mais j'ai toujours gardé mon objectif en tête.

Et aujourd'hui, je suis prête.

2019

vendredi 7 juin

Je n'ai pas écrit dans ce journal depuis très longtemps. Je pensais même l'avoir perdu. Mais je l'ai retrouvé en rangeant des vieilles affaires, il y a quelques semaines.

Il m'en est arrivé des aventures depuis ma blessure. J'ai gagné quatre Ligues des champions avec Lyon, j'ai joué une année aux États-Unis, j'ai participé à une Coupe du monde, mais nous avons perdu en quart de finale. Je suis même allée aux Jeux olympiques, tu imagines !

Dans quelques minutes, je vais entrer sur le terrain pour participer à la Coupe du monde de football féminin qui a lieu en France. Gagner cette coupe à la maison, en tant que capitaine de l'équipe de France, ce serait génial, non ?

Depuis les vestiaires, j'entends la foule du Parc des Princes qui chante *La Marseillaise*. Le stade est rempli. Mes parents, ma sœur, mon fiancé et Élodie sont présents dans les tribunes. Si on arrive jusqu'en finale, le match se jouera à Lyon, à domicile pour moi. Cette Coupe du monde est la nôtre. J'ai des frissons. Je suis impatiente.

Je relis tout ce que j'avais écrit et je me rends compte que quoi qu'il se passe, il y a une chose que je n'ai jamais cessé de faire : croire en mes rêves…

Et ça ne fait
que commencer…

Amandine Henry remercie

Je voudrais remercier les Éditions Rageot d'être venues me voir pour me proposer ce chouette projet, Sophie Nanteuil pour nos séances de travail chargées et nos échanges de texto la nuit, Aveline Stokart pour ses superbes dessins.

Je voudrais aussi remercier Sonia Souïd, 4Success et Nadège Coulet d'être à mes côtés.

Un grand merci à tous mes clubs : Portland Thorns FC (États-Unis), le CNFE Clairefontaine, le FC Hénin-Beaumont, l'Iris Club de Lambersart, l'OSM Lommois et le PSG. Un immense merci à l'Olympique lyonnais et Jean-Michel Aulas. Je voudrais également remercier la FFF et l'UNFP.

Un merci tout particulier à tous les entraîneurs, sélectionneurs, dirigeants, bénévoles, staff médical que j'ai pu rencontrer durant ma carrière. Un merci encore plus grand à mes coéquipières et coéquipiers de clubs.

Un merci un peu ému aux personnels hospitaliers ainsi que les centres de rééducation qui se sont bien occupés de moi lorsque j'étais blessée.

Merci à la ville de Lyon, mes sponsors.

Merci aussi à mes ami(e)s qui se reconnaîtront.

Et puis enfin, je tiens à remercier les supporters qui me soutiennent depuis le début. J'espère que ce livre vous permettra de mieux me connaître et vous montrera que rien n'est impossible !

Amandine Henry

Née le 28 septembre 1989 à Lille

Club actuel (en 2019) : Olympique lyonnais

Clubs successifs

1995-2000 : OSM Lommois
2000-2004 : Iris Club de Lambersart
2004-2005 : FC Hénin-Beaumont
2005-2007 : CNFE Clairefontaine
2007-2016 : Olympique lyonnais
2016 : Portland Thorns FC (États-Unis)
2017 : Paris Saint-Germain
2017 : Portland Thorns FC (États-Unis)
2018 à aujourd'hui : Olympique lyonnais

Palmarès

Coupe de France (Olympique lyonnais) :

2012, 2013, 2104, 2015, 2016

Championnat de France (Olympique lyonnais) :

2008, 2009, 2010, 2011, 2012, 2013, 2014, 2015, 2016, 2018

Ligue des Champions (Olympique lyonnais) :

2011, 2012, 2016, 2018

National Women's soccer League (Portland Thorns FC) :

2017

Amandine à 6 ans...

© Yves Henry

... à l'OSM Lommois

Table des matières

PAPIER À BASE DE FIBRES CERTIFIÉES

RAGEOT s'engage pour l'environnement en réduisant l'empreinte carbone de ses livres. Celle de cet exemplaire est de :
550 g éq. CO_2
Rendez-vous sur www.rageot-durable.fr

Achevé d'imprimer en avril 2019
par Macrolibros (Valladolid, Espagne)
Dépôt légal : mai 2019
N° d'édition : 7370 - 01